AF260076

UN
RÉPUBLICAIN

AU VILLAGE

PAR

Eugénie GUINAULT

Membre de la Société des Gens de Lettres.

Prix : 10 cent.

PARIS

ADMINISTRATION DE LA LIBRAIRIE GÉNÉRALE ILLUSTRÉE

4, RUE HAUTEFEUILLE

Près de la fontaine Saint-Michel et le boulevard Saint-Germain

Et dans toutes les librairies et dépôts de publications pittoresques
de Paris, de la France et de l'étranger.

1876

UN
RÉPUBLICAIN AU VILLAGE

UN

RÉPUBLICAIN

AU VILLAGE

—Dis donc, ma Claudine, est-ce vrai qu'il y avait hier un républicain chez vous ? Le monde du pays vous en conte que c'en est renversant... Est-ce que ne voilà pas mon frère qui veut se faire républicain, et tous les autres de la commune aussi ! Ils sont tous à dire : « Faut-il que nous « n'ayons pas été instruits plus tôt dans la vérité ! On ne « nous aurait pas pris, comme qui dirait dans un filet, pour « leur plébiscite et toutes leurs histoires! mais marche! au « jour d'aujourd'hui on leur montrera que le paysan « n'est pas un bétail qu'on tond comme un mouton. »
—J'ai cru quasiment que le républicain leur avait fait boire une drogue pour les affoler... Il y a toujours là-dessous

quelque chose qui n'est pas clair. M. Filencourt dit qu'un républicain, c'est un propre-à-rien, un partageux, un voleur, un assassineux, et qu'il ne faut point écouter tous ces brigands-là, parce que ça porte malheur.

— Tais-toi donc, va, ma pauvre Phrasie, tu te fais des idées comme ceux qui ne savent rien de rien ! Qui n'entend qu'une cloche n'entend qu'un son, comme on dit. C'est tout de même rudement malheureux qu'on trompe toujours le pauvre monde ! Nous nous entendons mieux à planter nos choux qu'à la politique, et les malins à qui ça profite nous bernent que c'en est pitoyable ! Ce n'est pas difficile de nous mener comme il leur plaît; ça ne leur coûte pas plus qu'à moi de tirer la bride de la Grise pour qu'elle aille à droite et à gauche.

— Seigneur ! qu'est-ce que tu me racontes là ! Est-ce que le républicain ensorcellerait aussi les femmes! Dis donc, la Claudine, c'est pour me faire endêver que tu me racontes des balivernes?

— Je vais te dire, ma fille, tu es jeune ; mais tu as du raisonnement, tu vas voir. Pas plus tard qu'hier, j'étais quasiment comme toi ; mais à cette heure, je vois bien que c'est des bêtises. Je croyais, moi, qu'en piochant dur, du matin au soir, on pouvait se mettre un petit morceau de pain sur la planche et le garder pour ses vieux jours. Dame ! qui est-ce qui aurait cru que les Prussiens nous mangeraient notre blé en herbe ? Ah ! malheur... Tout ça nous apprend qu'il faut de la réflexion, à seule fin que nous autres, nous ne soyons plus une manière de dindon de la farce, comme dit cet autre. La mère Jean-Pierre avait raison tout de même, quand elle disait à son homme: « — Imbécile ! ne va pas au moins dire Oui pour ce Ba- « dinguet, qui a fait tuer notre pauvre Natole au Mexi- « que ! Tu es si bête que tu écouterais les finots qui « viendront te chanter : L'Empereur par ci , l'Impé- « ratrice par là, le Prince impérial par l'autre, et toutes « leurs balançoires... et que tu serais capable de te lais- « ser fourrer dedans!» — Nous autres, ça nous faisait rire et nous disions derrière la mère Jean-Pierre : « C'est « une ancienne, ça bougonne toujours ! » Eh bien, il pa- raîtrait, ma Phrasie, que, si les hommes n'avaient pas mis *oui* dans la boîte au maire, il n'y aurait pas eu de bataille, ni tout ce qui s'ensuit, quoi ! Qui est-ce qui aurait dit: «Je vais mettre ce papier-là, c'est la guerre... je vais mettr l'autre, ce n'est pas la guerre?... » Ah ! Seigneur ! c'est mon homme qui en a du chagrin, oui ! Il a dit au souper à son frère : — «L'ami, tu sais, ce papier-là, ce n'est pas pour rire, ça vous mène loin ! »—«Bon, qu'il a répondu, mon Philippe, n'aie pas peur : chat échaudé craint l'eau froide !...»

— En voilà des raisons! Vrai, ma Claudine, le républicain t'a jeté un sort, pour sûr. Le garde champêtre dit comme ça que ce sont ces gens-là qui font les révolutions; même on en a brûlé avant la guerre pour les empêcher d'offenser le bon Dieu.

—Ecoute, ma Phrasie, il ne faut pas répéter ce que tu entends dire à l'un, à l'autre. Mais je ne t'en veux pas, ce n'est pas ta faute si tu es jeune ! Je vais te raconter positivement ce que nous a dit hier le républicain.

Pour lors, mon homme avait donc eu des accointances avec lui, par rapport qu'il a hérité de notre ferme quand notre monsieur a été défunt.On s'arrange amicalement. Ça va bien ! «Philippe, qu'il dit à mon homme, j'irai vous voir au premier beau jour... » Pas plus tard qu'hier je l'aperçois donc qui arrivait la canne à la main. Bon.Nous étions en train de faner dans le clos ; il veut rester là et finalement il s'asseoit sur un tas de foin. Voilà les gars qui rentrent des champs et les voisins entendent dire qu'il y a chez nous un monsieur, ils arrivent pour savoir les nouvelles. C'est bien ! On jase, on jase, voilà les Prussiens sur le tapis ; les femmes qui avaient vu le monsieur viennent chercher leurs hommes pour manger la soupe.

Le gros François dit à sa femme : — «Laissez-nous donc tranquilles, vous autres, puisque monsieur nous instruit dans la politique,ça ne regarde pas les femmes.»

—Pourquoi ? dit le Monsieur, est-ce que celles qui donnent au pays leurs maris, leurs fils et leurs frères ne sont pas intéressées à en connaître la situation? Combien, obéissant aveuglément à une fatale influence, se reprochent d'avoir entraîné les leurs à tel vote,cause d'irréparables malheurs ! Restez donc tous : La vérité est la même chose pour les hommes et pour les femmes, et il importe que tous la connaissent, parce que, hommes et femmes, vous êtes liés par les mêmes intérêts.

—Bon, dit le grand Matthieu qui a donc été fait prisonnier à la guerre, tu sais? nous allons censément faire un club, comme on dit à Paris.

— Pas vrai, monsieur. reprend mon homme, pour en revenir à nos moutons, que les républicains, c'est de faignants qui veulent manger le bien des autres, qui ne croient ni à Dieu, ni à diable et qui nous font arriver un tas de malheurs avec leur République.

— Vous ne savez pas ce que c'est que la République, mes amis.

— La République, répond le gros François, c'est un gouvernement où les gredins vous arrachent le pain de la bouche et assassinent tous les braves gens.

— Mes pauvres enfants, dit le monsieur, vous êtes bons, votre cœur est droit, vous ne vous défiez pas assez des piéges qu'on vous tend. Vous êtes une proie que se disputent plusieurs princes dans ce moment, parce que celui d'entre eux qui vous possédera pourra jeter par les fenêtres l'argent que vous avez tant de mal à gagner, habiter des palais, bâtir des châteaux, avoir ce qu'il y a de meilleur et de plus beau, être vos maîtres enfin. Aussi ils recouvrent leurs traquenards de tout ce qui peut vous attirer, et ils envoient vers vous des gens qui vous pous

sent tout doucement en vous disant qu'il y a un préci-
pice là où il n'y en a pas, pour que vous mettiez le pied
juste sur leur traquenard. Ces gens-là, quand la bête sera
prise, attachée et muselée, recevront une bonne place où
ils n'auront qu'à toucher beaucoup d'argent et faire la
révérence au roi. Soyez donc sur vos gardes et écoutez
au moins une fois un homme qui ne demande rien à
personne, qui ne craint pas même pour sa vie, qui ne
désire qu'une chose : le bien public, et qui voudrait faire
connaître à tous la vérité, parce que c'est son devoir d
républicain,

— Seigneur ! dit la femme au gros François, vous, républicain, monsieur, vous avez pourtant l'air d'un brave
homme.

Le monsieur sourit. — Vous ne savez pas ce que c'est
que la République, parce que les agents de l'Empire et
d'autres qui vivent de votre travail l'ont toujours ca-
lomniée auprès de vous, et pourtant, mes amis, sans elle
vous seriez encore l'esclave des seigneurs, c'est-à-dire
quelque chose de semblable à ce qu'est pour vous votre
chien, que vous pouvez battre à tort ou à raison ; que
vous pouvez même tuer sans que cela regarde personne.

Si au lieu d'être des serfs, comme on appelait ces escla-
ves, vous êtes des hommes libres ; si vous pouvez acheter
et vendre, et garder vos récoltes sans en donner une
partie à tel ou tel, c'est à la République que vous le devez.

La République, c'est votre mère, puisqu'elle vous a

faits des hommes, vous qui, il n'y a pas cent ans, étiez une propriété et pas autre chose. Mais ceux qui veulent un trône ont tant d'intérêt à ce que vous ignoriez cette vérité, qu'ils ont arrangé d'avance des mensonges afin que, si un brave homme vous parle comme je fais, vou- ne le croyiez pas.

—Dites donc, monsieur, sans vous commander, reprend la femme au gros François, c'est immanquablement ce gouvernement-là que prêche le monsieur du château, seulement, lui, il lui donne un autre sobriquet... Attendez donc.... un gouvernement..., ah mon Dieu! qui est le meilleur, dit-il.... Un gouvernement qui a le nom du journal à monsieur chose.... dites donc, vous autres?... Attendez, je vais le trouver.... une monarchie...

— Ah! fit le monsieur, une monarchie constitution- nelle. Non! ce n'est pas du tout la même chose.

Dans la monarchie constitutionnelle, le pouvoir royal est limité par certaines lois et l'autorité des représen- tants de la nation; c'est une digue, par exemple, qu'on met à une rivière, mais, gare à la digue quand les eaux sont fortes!.... Du reste, quoi qu'on en ait dit, l'ascen- -dant du roi n'est pas sans effet sur ceux qui l'approchent et qui ont intérêt à s'attirer ses bonnes grâces. C'est l'é- ternelle et triste histoire de millions d'hommes soumis à la volonté d'un seul et dormant sur un volcan.

A tout monarque il faut une cour dont les énormes dépenses seront couvertes par les impôts. Il faut de places pour les privilégiés, où celui qui travaille le moins gagne le plus. Les impôts sont toujours là, puisque, d'après ce que prétendent les rois et les royalistes, le bon Dieu a justement créé le peuple pour qu'il travaille, s'épuise et meure à leur service.

Si jamais j'avais pu me laisser éblouir par les promesses des princes, acceptant un tel état de choses, les faits actuels m'auraient complétement éclairé sur les véritables sentiments de ceux qui sachant que, leur présence est un sujet de troubles et de disensions pour cette pauvre France meurtrie, sacrifient son repos à leur ambition.

En République pas de cour ruineuse, pas de liste civile ; le président est, pour ainsi dire, l'intendant de ce maître, le peuple, qui lui confie l'administration de ses biens dont il lui doit compte, et pour la gestion desquels il touche de modestes appointements. Les modifications, car les choses humaines ne sont jamais parfaites, se font sans bouleversement, puisque le peuple fait lui-même ses lois par l'intermédiaire de ses élus.

Les prétendants ne troublent plus par leurs manœuvres la paix publique, étant tous indistinctement repoussés. Le caprice d'un seul homme ne peut plus arracher les citoyens à leurs travaux, et les jeter palpitants sous le feu des canons.

— N'empêche que du temps de notre empereur, on vendait joliment sa marchandise. allez ! reprend le père Jean-Pierre.

— Sans doute, mon ami, on vendait sa marchandise ; mais, est-ce comme vous le dites à votre empéreur que vous le devez ? N'est-ce pas plutôt au développement de l'industrie, aux perfectionnements qu'ont apportés les agriculteurs intelligents, aux progrès qu'ont amenés les découvertes nouvelles ? — Ce n'est pas votre empereur qui a été la cause de ces biens ; mais ces biens se sont produits sous son règne comme cela aurait eu lieu sous tout autre gouvernement. Qui sait s'ils n'auraient pas été plus grands sous un régime honnête ? Considérons la fin des choses pour les juger avec équité.

Combien d'entre vous, dans ces temps malheureux, héritage de l'empire, ont perdu les économies amassées longuement et péniblement ! C'est par milliards qu'on peut compter les sommes jetées dans les fanges impériales. C'est l'argent que vous avez gagné à la sueur de votre front, au prix des plus dures privations, qui a payé les dettes de Bonaparte, le luxe de sa famille, les lâchetés des courtisans et les vices des courtisanes.

Ce sang qui ruisselle de tous côtés sur la terre, c'est celui des vôtres, c'est le sang français versé à flots pour que vous ne songiez pas aux caisses vides de l'Etat.

Mais sondons la plaie jusqu'au fond. Examinons la moralité du gouvernement impérial et ses résultats : Les mauvaises passions ont été excitées partout, poison qu'on infiltre dans les veines et qui paralyse. En haut, un luxe immodéré et des mœurs honteuses ; chez le paysan, l'avidité insatiable du gain ; chez l'ouvrier, la haine contre le patron ; chez le bourgeois, l'égoïsme ; dans tous les rangs de la société, il a travaillé à la dépravation. Son but était de conserver son trône à tout prix ; aussi, rien n'a été épargné, et des surveillants gardaient la proie avec vigilance ; celui-là même qui est préposé aux plus pacifiques fonctions, avait en général pour mission de connaître vos opinions et de révéler vos actions, tant il craignait que vos cœurs honnêtes ne s'indignassent à la fin au récit des iniquités de l'empire.

C'est lui, l'homme de Sedan, qui, après nous avoir précipités dans l'abîme dont nous sortirons parce que nos cœurs français le veulent fermement, nous a préparé la guerre civile, en flattant et corrompant le peuple, pour s'en faire un appui dans les moments critiques. Il a sacrifié à son ambition plus que notre or, plus que le sang de nos frères, il a sacrifié la vertu du peuple.

— Vous avez raison tout de même, monsieur ; nous autres, paysans, nous n'avons pas la langue si déliée que les gens de la ville ; mais quand on nous dit la vraie vérité, sûr ! nous le voyons bien. De cet empereur, donc, n'en parlons plus, mais, dites-moi, son petit, ce n'est pas sa faute, à cet innocent, si son père nous a fourrés dans le guêpier.

— Ça, pour sûr, ce n'est pas sa faute, ai-je répondu, ma Phrasie ; mais, allez, père Jean-Pierre, il ne faut pas s'y fier ; bon chien chasse de race, c'est moi qui vous le dis.

— Avec ça que la mère ne rapporterait pas ses cotillons sous le prétexte du petit, fit le prisonnier; et que l'autre qui ne vit pas de coups de bâton et de pain noir, comme nous, là-bas, ne tripoterait pas encore et que n'arriverait pas par la même occasion, tout son bataclan.

— Ta raison est bonne, mon garçon, dit le père Jean-Pierre ; n'empêche pas que nous recevons des journaux pour rien, s'il vous plaît, et des manières de petits livres où on nous fait un tas de parlements par ci, un tas de cajoleries par là, où on nous dit que c'est nous les soutiens du trône, les vrais Français de la France, que notre empereur compte sur nous, et que les autres ce sont des pas grand'chose, et un tas d'histoires comme ça.

— Pardieu ! m'est avis que c'est encore pour nous enjôler !

— Ma foi, ai-je répondu au grand Mathieu; ça ne m'étonnerait pas, il y a des gaillards qui sont des saintes-Nitouche.

— Monsieur, je me suis laissé dire que les honnêtes gens n'en veulent plus censément de l'empereur et de sa clique !

— C'est donc pour ça qu'ils s'accrochent aux branches, dis-je, ceux qui vivent par ces gens-là ; ils tâchent de nous faire prendre des vessies pour des lanternes, et ils tournent autour de nous en faisant ron-ron comme notre chat qui veut souper avec notre viande.

Il y avait l'autre jour le petit à la Lucie, qui était caporal dans la mobile, il faisait la lecture dans un journal, voilà que le journal disait : « Paysans ! paysans ! « Vous avez toujours été notre appui, nous comptons « sur vous pour l'avenir... » Et puis, un tas de choses... vrai ! j'aurais quasiment pleuré ; c'était tout miel et tout sucre.

— Pardi ! on ne prend pas les mouches avec du vinaigre, interrompit le grand Matfhieu.

— Laisse-moi donc conter, grand Matthieu ! tu as une langue ! il n'y en a que pour toi, quasiment... Pour lors, voilà le petit à la Lucie, qui était donc caporal dans la mobile... il lit ça. Bon. Et puis le voilà qui cogne un grand coup de poing sur la table : « Nom d'un « nom ! ils n'ont donc pas fini leurs menteries, ces bri- « gands-là ! On leur en souhaite des bons paysans pour « payer les pots cassés avec leurs os et leurs épargnes, « vingt-cinq noms d'un nom ! »

Il en sait long, allez, monsieur, le petit à la Lucie, qui était donc... suffit ! Pour sûr, il aurait été maître d'école, s'il l'avait voulu ; mais il dit qu'il aime mieux gratter la terre avec ses ongles et dire ce qu'il pense carrément. Les jeunesses, vous savez, ça vous prend des idées quand ça a passé par les armes... Comme dit M. Filencourt, ça n'est pas soumis. Paraîtrait que c'est la religion qui manque, monsieur, et que si nous avions ce roi qui a une odeur de saint, ça reviendrait tout de suite. Faut-il qu'on ait mis sur la place du marché de Paris le portrait de ce bédouin-là, qui était donc, révérence parlé, un philosophe. C'est comme qui dirait un garnement à tout saccager. Attendez! je vais vous dire son nom... ça commence par Vol... bon! je ne sais plus; mais un nom qui commence ainsi, vous pensez comment cela doit finir! Aussi le bon Dieu s'est-il mis en colère contre la France, et il s'est vengé depuis ce temps-là! Ah! malheur!...

— Et même, on dit qu'il a fait des miracles à Rome à ce moment-là, parce que Notre Saint-Père le Pape était en colère ; il paraîtrait qu'on lui fait des misères, monsieur, ajouta la femme au gros François; oui, monsieur, vous ne savez donc pas ça? C'est donc qu'à la ville on ne vous instruit pas dans la religion ? Il y a donc, pour en finir, une bonne Vierge qui ouvre les yeux, à seule fin de regarder Notre Saint-Père le Pape, le pauvre cher homme ! Jour de Dieu ! j'en aurais une peur à sa place! Tu sais, mon homme, quand on fera un plébiscite, nous voterons pour Henri V, parce qu'il paraîtrait que c'est à son occasion que le bon Dieu fait des miracles et qu'il ne veut pas lui voir à tout bout de champ remporter sa veste, comme on dit chez nous.

— Henri V... l'enfant du miracle... dit le prisonnier.

— Ah! Seigneur, il y a donc du miracle partout au jour d'aujourd'hui? Tu voteras, hein! mon homme? Ce miracles-là, ça vous fait froid dans le dos, fit la mère François. Il faut apaiser le bon Dieu, si la maladie allait se mettre sur nos bêtes !

— Pauvres gens ! dit le monsieur, on exploite votre crédulité pour vous forcer à plier les genoux. Certes, les auteurs de ces jongleries désespèrent entièrement de leur cause, pour employer ces tristes moyens renouvelés du paganisme. Croient-ils donc que devant la prétendue intervention du ciel on ne cherchera pas les ficelles humaines? Espèrent-ils prendre la superstition pour la religion ?

Heureusement les bons chrétiens vous apprendront que Dieu ne se venge pas, lui, l'amour et la perfection infinis, et que souvent les fléaux de tous genres qui accablent les peuples, sont comme un laborieux enfantement précédant l'ère nouvelle d'une régénération. Ceux qui méritent des châtiments, ce sont les hypocrites de toutes sortes qui vous trompent, qui vous volent, qui volent le cœur ou la vie des vôtres, et qui sont capables de tout pour satisfaire leurs passions honteuses.

Ce sont là les vampires de la patrie et les vrais ennemis de Dieu.

— Ah! monsieur, s'écria la mère François, vous parlez comme notre défunt curé qui est mort. C'était là un brave homme ! à la bonne heure ! même il me disait toujours dans son langage : « Mère François, pourquoi « vous imaginez-vous que le bon Dieu est un ogre?... »

— Tais-toi donc, ma femme, tu as toujours des racontars à faire, ni plus ni moins qu'à la veillée. Faites excuse, monsieur, les femmes, vous savez, ça aime à bavarder, ça ferait volontiers plus de bruit que de besogne... enfin, suffit! Pour lors, vous croyez donc, monsieur, que Henri V...

— Henri V est le passé... son avénement serait pour nous une guerre contre l'Italie, afin de rendre au Pape, son allié, le trône pontifical, je veux dire le pouvoir temporel; sans doute, le successeur de saint Pierre a oublié cette parole du Christ : « Mon royaume n'est pas de ce monde. »

— Ça m'en a bien l'air, dit le grand Matthieu; mais du moment que son royaume n'est pas de ce monde, peut-être que ça ne lui coûterait rien de nous envoyer dans l'autre... histoire de nous faire marcher en éclaireurs...

— Ne plaisante donc pas comme ça, grand Matthieu, ça te portera malheur pour la rentrée des foins!

— Laissez parler Monsieur ! interrompit mon homme; je me suis laissé dire, Monsieur, que les prétendants qui font la cour à la France, nous promettent des allouettes toutes rôties..... Vous comprenez ma raison, de la liberté..... et puis, dame ! tout ce qui s'en suit !

— Qui, les promesses ne coûtent guère plus aux princes en quête d'un   quelque a promesse d'être ҙage à votre petit enf   ui veut un gâ eau..... Les pré-

tendants savent si bien que les principes rèpublicain
seuls, peuvent répondre aux aspirations de la nation, que
tous, à l'envie, ils en sèment les manifestes qu'ils adress
sent au peuple. Par cela même ils renient les principe
de leurs pères et rendent hommage à cette fille du
peuple, la République, qu'ils ne peuvent tuer parce
qu'elle est immortelle.

— Tiens! ils font donc comme moi quand je veux
faire avaler une purge au petit de mon garçon? dit la
mère François, ils mettent du miel au bord de l'écuelle...
en voilà une ruse !

— Oui, mais le petit avale la drogue, pas moins?
riposte le père Jean-Pierre.

— Pour ça, il l'a avalée..... je ne peux pas dire.....
mais à cette heure que le voilà quasiment grandelet, il
me rit au nez... et il jette la drogue.

— Monsieur, faites excuse, fit le gros François, je vais
vous dire mon idée. Le brigadier qui est un malin, me
racontait qu'on avait déjà eu la République deux fois et
qu'elle n'avait rien fait de bon, au contraire.

— Il y a, mes amis, des gens intéressés à ce que la
République n'existe pas puis qu'ils ne vivent qu'à vos
dépens; et que, précisément à cause de cela, la République les chasserait. Aussi, vous pensez bien qu'ils ma-
nœuvrent sans cesse afin que vous repoussiez la Répu-
hlique. Ils vont même jusqu'à se dire républicains et
commettent toutes sortes de crimes et de désordres sous

ce nom pour que vous soyez si effrayés, que vous ne vouliez plus seulement entendre prononcer le nom de République.

Non, la République n'a pas fonctionné librement ! non, elle n'a pas existé en réalité ! Parce que des faussaire ont contrefait sa signature, est elle solidaire de leurs infâmies ? Un instant elle a apparu en 89 et cela a suffi pour vous arracher, comme je vous l'ai déjà dit, à l'esclavage ; pour donner les mêmes droits à tous, aux grands et aux petits, pour créer à tous, par conséquent, les mêmes devoirs.

Le peuple, voyez-vous, mes amis, est comme un bœuf patient attaché au joug ; il traîne longtemps son fardeau sans regimber contre l'aiguillon qui lui déchire les flancs ; mais tout à coup l'aiguillon entre dans la plaie : la douleur est trop vive, furieux, il brise tout, court, bondit, poussé par le désir ardent de respirer, libre, dans les champs qu'il aperçoit. Il s'élance pour franchir la haie qui le fait prisonnier..... mais sa violente colère l'a épuisé ; il s'arrête..... Le maître épiait ce moment. Il arrive, le flatte du geste, de la voix ; le captif n'a plus la force de lutter et le joug pèse de nouveau sur sa tête.

C'est ainsi que, deux fois, le peuple a brisé le joug pesant de la monarchie, qu'il a aspiré ardemment à cette grandeur morale, à ce bien être physique qui découlent de l'application des vrais principes républicains..... il a touché l'égalité, entrevu la liberté, rêvé l'immense fraternité: mais celui qui attendait l'heure de la défaillance s'est jeté sur lui et lui a remis ses entraves.

Encore une fois, le peuple appelle à son aide la République, et la République accepte de réparer les maux causés par l'empire, ne reculant même pas pour sauver la France devant les souillures des hypocrites qui la chargent de leurs propres crimes. Le peuple se laissera-t-il encore enchaîner ?

— Non ! il faut que ça finisse, dit le garçon de la mère Mathieu.

— Cela finira quand vous voudrez, mes amis, votre sort est entre vos mains, par ce don que vous avez reçu de la République.

Le suffrage universel.

N'agissez pas comme des enfants qui se blessent avec e couteau qu'ils ont dans les mains. Vous venez de recevoir une rude leçon : le malheureux *oui* du fameux plébiscite, jeté dans l'urne, par ignorance ou par indifférence, a causé nos affreux malheurs.

— Ah bien ! s'écria mon homme, moi d'abord je ne vote plus ; comme ça je ne ferai pas de bêtises.

— Ce serait une grande faute, mon ami, vous manqueriez à votre devoir de citoyen : celui qui supprime ses devoirs, supprime par cela même ses droits. Ce serait du reste, laisser le champ libre à l'ennemi et travailler avec lui à votre propre perte.

— Tiens ! c'est vrai, ma foi ! c'est comme si, étant mi-

litaire, je me sauvais de la bataille au lieu de tirer sur
les Prussiens. Ce ne serait pas le moyen de gagner, c'est
clair !

— Monsieur, reprend mon homme, je vais vous dire,
il y a une chose qui me tracasse : Le voisin Jérôme me
disait l'autre jour, en manière de conversation, qu'en
République on peut faire tout ce qui vous plaît et que ça
ne regarde personue.

— La République, mon bon **François**, impose à cha-
cun le respect des lois et de la liberté du voisin ; elle ne
peut donc autoriser le désordre. La licence est le déver-
hondage de la liberté, c'est le contraire d'un bien, comme
le vice est le contraire de la vertu.

En face d'un *droit*, il y a toujours un *devoir*. — La
liberté vous donne le *droit* d'agir comme il vous plaît et
vous impose le *devoir* de ne pas empiéter sur ce qui plaît
à votre voisin.

Et puisque nous sommes à ce chapitre : l'égalité, c'est
l'abolition des privilèges, c'est-à-dire que les citoyens ont
indistinctement les *mêmes droits*, par exemple qu'à prix
d'argent nul ne pourra s'exempter du service militaire,
et que toutes les carrières seront ouvertes à tous; mais
que tous ont le *devoir* de donner à la patrie leur sang et
leur dévoûment.

La fraternité, ai-je besoin de vous le dire, c'est le *droit*
qu'ont les citoyens de compter les uns sur les autres

pour assurer le bien général ; et le *devoir* ; de s'aimer et de s'aider réciproquement.

— Allons, je commence à y voir plus clair…. dit mon homme ; les élections peuvent venir à présent…. La République, ça ne rapporte qu'au peuple puisque c'est lui qui conduit sa barque pour lors, et comme ça ne fait pas l'affaire des princes, ils empêchent qu'on la connaisse.

— Je vais te dire, reprend en riant le grand Mathieu, quand ils nous enverront leurs amis, qui seront là comme des mendiants à nous dire censément : « Un petit trône mon bon paysan pour l'amour de Dieu ! » nous leur répondrons : — Passez votre chemin, mon pauvre homme, on ne peut rien pour vous. — Plus souvent qu'on irait encore se faire casser les os parce que deux particuliers auront des désagréments ensemble !

— Et puis, ce n'est pas tout, il faut payer les dettes que l'empire nous a mises sur le dos ; avec la République, ce sera plus tôt fait, puisque, au lieu de servir à acheter des châteaux et à faire des fêtes, notre argent ne ser-servira qu'à ça et au bien du peuple.

— Et puis, au lieu d'aller monter la garde à Rome et d'embrocher les Italiens avec Henri V, nous fanerons nos foins et nous rentrerons nos blés, il y en a bon besoin.

— Seigneur du bon Dieu ! oui, il y en a bon besoin ! dit la mère François ; c'est assez de révolutions et de guerres comme ça.

— Des révolutions, il n'y en a plus à faire. — hormis

que pour un monarque, — foi de Mathieu! attendu que pour le moment nous avons la République... censément. Le nom, c'est déjà quelque chose ; le reste viendra après.

— Si par un effet du hasard il arrivait des républicains au pays, dis-je au monsieur ; comment donc, monsieur, reconnaîtrons-nous les vrais des faux ?

— A leurs œuvres.... Celui qui veut le bien public ne peut être qu'un homme de bien.

— C'est vrai! monsieur; c'est vrai! je vais donc dire comme le petit à la Lucie :

Vive la République!

Vive la République! répétèrent tous les autres.....

A te revoir, ma Phrasie!

Eugénie GUINAULT.

Votre heure fuit, aveugles fanatiques
D'un passé mort, du culte d'un faux dieu,
Dans nos cités, promenez vos reliques ;
Pour asservir, mettez la France en feu !...
Quatre-vingt-neuf est là qui vous regarde...
— N'oubliez pas d'emporter vos Rodins,
Quand, avec vous, s'enfuira sans cocarde,
La République sans républicains.

O Christ ! divin [révolutionnaire‘
Qui le premier prêchas la loi d'amour,
Du fouet sacré chasse le mercenaire :
Le temple encore est le nid du vautour !
Du lieu béni, tabernacle de l'âme,
Maître, combats avec les publicains ;
Poursuis ton œuvre — et toi, Peuple, proclame,
La République des républicains.

Eugènie GUINAULT.

Paris, 1876.

3732. — Imprimé par Charles Noblet, rue Soufflot, 18, Paris.

LA RÉPUBLIQUE SANS RÉPUBLICAINS

AIR : *T'en souviens-tu?*

Vous qui longtemps avez dans nos églises,
A Dieu chanté : « Sauve notre Empereur ! »
Qui conspirez au milieu de nos crises,
Au grand soleil, sans reproche et sans peur,
Amis zélés du fameux plébiscite,
Qui de la France êtes les assassins,
Malheur à vous ! voici qu'on décapite
La République sans républicains !

Vous qui, voyant la patrie expirante.
Etes venus, parricides enfants,
Aux jours de deuil ouvrir sa main mourante,
Arrachant l'or de vos doigts triomphants.
Tremblez ! on dit tout bas, dans les provinces,
Que le trône a porté trop de Caïns :
Pour marche-pieds vous n'aurez pas, ô Princes,
La République sans républicains !

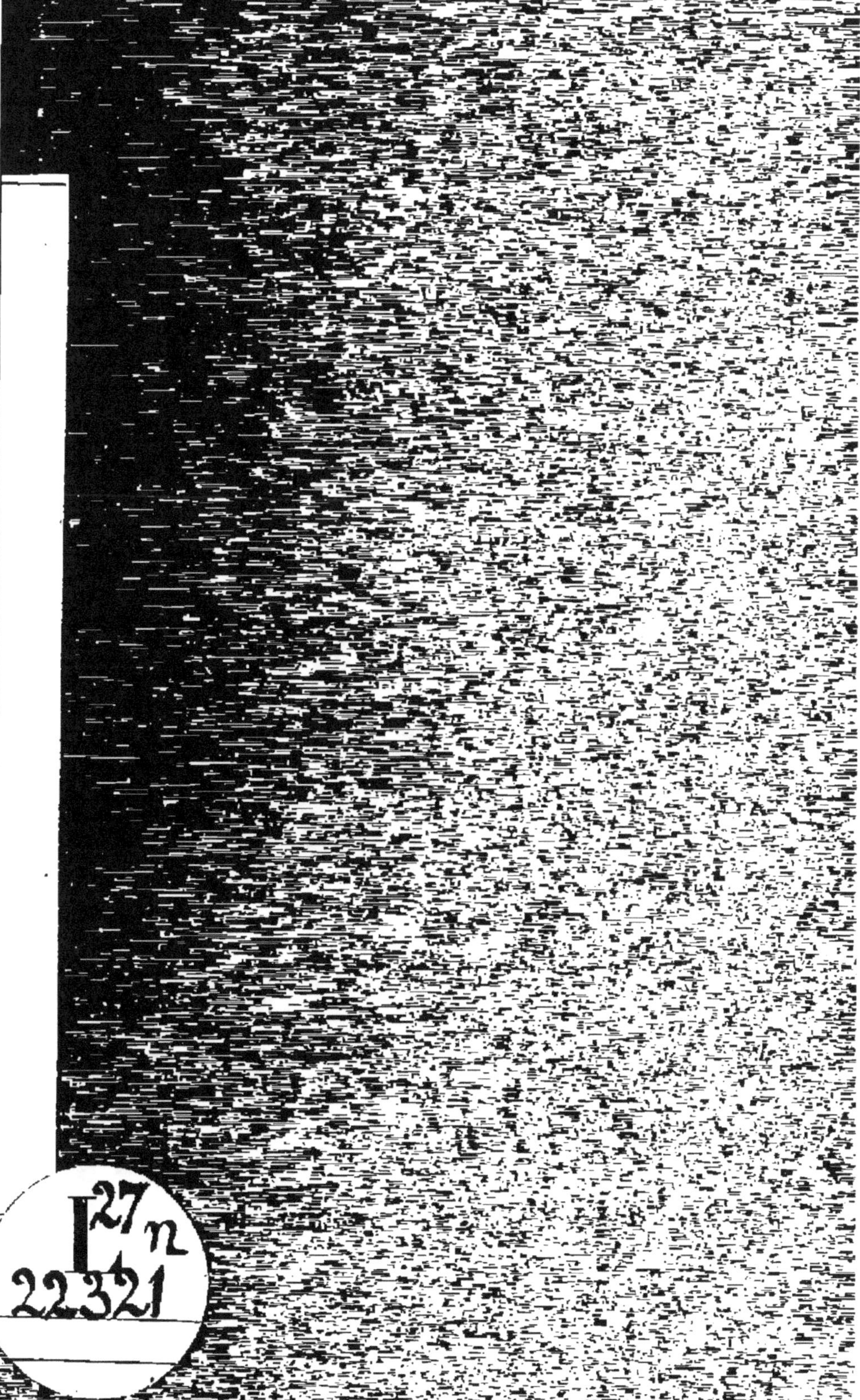